AF494475

10 Avril 1908

marqué P

VENTE
Du Vendredi 10 Avril 1908
HOTEL DROUOT, SALLE N° 1
à deux heures

Tableaux Anciens

ET

MODERNES

Aquarelles, Pastels

DESSINS

EXEMPLAIRE DE H. STETTINER

Me F. LAIR-DUBREUIL
COMMISSAIRE-PRISEUR

M. GEORGES SORTAIS
PEINTRE-EXPERT

CATALOGUE

DES

Tableaux Anciens

ET

MODERNES

Par

BARD, BEAUBRUN, BOURDON, CONSTABLE, COXIE,
DE TROY, DREUX (A. DE), DROUAIS, FAUCHIER, FRAGONARD,
GRYFF, GRIMOUX, MARATA,
MEULEN (VAN DER), MIGNARD, NOCRET, PAJOU, PÉRIN, RANC, RIGAUD,
SCHEFFER (AUG.), SEVÉ, ETC., ETC.

ET DES ÉCOLES

Espagnole, Flamande, Française, Hollandaise et Italienne

AQUARELLES, PASTELS, DESSINS

Dont la vente aux enchères publiques aura lieu

HOTEL DROUOT, SALLE N° 1

Le Vendredi 10 Avril 1908, à deux heures

Me F. LAIR-DUBREUIL	M. GEORGES SORTAIS
COMMISSAIRE-PRISEUR	Peintre-Expert près le Tribunal civil
6, rue Favart	11, rue Scribe

EXPOSITION PUBLIQUE

Le Jeudi 9 Avril 1908, de 2 heures à 6 heures

CONDITIONS DE LA VENTE

Elle sera faite au comptant.

Les adjudicataires paieront *dix pour cent* en sus des enchères.

Paris. — Imp. de l'Art, CH. BERGER et Cie, 41, rue de la Victoire.

DÉSIGNATION

TABLEAUX ANCIENS

BARD (Jean-Auguste)

1 — *Ouverture du Musée de Versaille .*

Dans le palais de Versailles, le roi Louis-Philippe et le roi des Belges Léopold Ier, entourés de toute la cour, des ambassadeurs et toutes les sommités de cette époque, inaugurent solennellement la grande galerie des batailles.

Signé en bas à gauche.

Toile. Haut., 66 cent.; larg., 1 m. 28 cent.

BEAUBRUN (Charles)

2 — *Catherine de Neufville, comtesse d'Armagnac. (1639-1707.)*

Elle est debout en promenade dans un parc. C'est une enfant aux cheveux blonds qui s'échappent d'un tour de tête en soie marron rayée de rouge. Elle est vêtue d'une robe en satin blanc drapée à l'antique, avec un manteau formant jupe autour de la taille et dont elle retient les plis de la main droite. La gauche, les doigts à demi-ployés, semble préciser le sens d'une conversation.

Toile. Haut., 1 m. 29 cent.; larg., 95 cent.

BOUCHER (D'après FRANÇOIS)

3 — *La Murphy.*

Étendue sur une couchette garnie de nombreux coussins et d'une large draperie de velours bleu, elle regarde le spectateur.

Au premier plan, un tabouret où sont posés des objets de parure.

Toile. Haut., 46 cent.; larg., 56 cent.

BOURDON (SÉBASTIEN)

4 — *Henri-Jules de Bourbon, prince de Condé. (1643-1709.)*

Vu jusqu'à mi-corps, le buste pris sous sa cuirasse, il porte l'écharpe bleu de roi; une collerette de point coupé est rabattue sur l'armure. Le visage, tourné de trois quarts à gauche, est encadré d'une perruque brune à reflets châtains.

Toile. Haut., 64 cent.; larg., 57 cent.

CHAMPAIGNE (École de Ph. de)

5 — *Louis-François-Marie Letellier, marquis de Barbezieux, Secrétaire d'État. (1668-1701.)*

Le visage est grave, encadré d'une perruque noire. Il apparaît en buste, vêtu d'un manteau noir, ayant au cou un rabat de point coupé et sur la poitrine l'ordre du Saint-Esprit en broderie d'argent.

Toile de forme ovale.

Haut., 68 cent.; larg., 54 cent.

CHARDIN (École de J.-B.-S.)

6 — *Portrait de Femme âgée.*

Elle est vue à mi-corps, le visage presque de face ; un bonnet blanc encadre ses joues roses et par dessus son bonnet elle a ramené les plis souples d'une capeline brune.

Panneau. Haut., 62 cent. ; larg., 45 cent.

CONSTABLE (John)

7 — *Portrait du Fils de l'Artiste.*

Vu à mi-corps, dans un paysage, la tête de trois quarts à gauche ; il est vêtu d'un costume de velours bleu, à large collet et à petits boutons dorés; il tient sa cravache dans la main gauche.

Toile. Haut., 70 cent.; larg., 60 cent.

COXIE (Michel de)

8 — *Le Jugement dernier.*

Bois. Haut., 98 cent.; larg., 78 cent.

COYPEL (École de)

9 — Les Quatre parties du monde :

L'Europe.

L'Asie.

L'Afrique.

L'Amérique.

Série de quatre dessus de portes dans des boiseries sculptées et dorées.

Toiles. Haut., 70 cent.; larg., 1 m. 45 cent.

CRÉPIN (L.-P.)

10 — *Le Combat de Navarin.*

Esquisse.

Toile. Haut., 38 cent.; larg., 46 cent.

DE TROY (J.-F.)

11 — *César, cardinal d'Estrées, évêque de Laon. (1628-1714.)*

Debout, vu jusqu'à mi-corps, le camail de pourpre sur un rabat de dentelle, l'ordre du

Saint-Esprit en cravate sur son rabat de batiste. Le visage est très expressif, d'une belle noblesse de ligne dans l'encadrement des cheveux châtains à reflets fauves sous la calotte rouge.

Ce portrait a été gravé par Edelinck.

Toile. Haut., 81 cent.; larg., 64 cent.

DREUX (Alfred de)

12 — *Avant le départ.*

Sur un champ de course.

Toile. Haut., 74 cent.; larg., 92 cent.

DROUAIS (François-Hubert)

13 — *Portrait de Femme.*

De face, la chevelure poudrée à frimas, surmontée de dentelle à coques de satin blanc. Vêtue d'une robe décolletée de soie bleue à fleurs et garnie de nœuds de soie rose, blanche et bleue, surmontée de dentelle.

Toile. Haut., 75 cent.; larg., 62 cent.

Cadre Louis XIV en bois sculpté et doré.

DYCK (École de Van)

14 — *Portrait présumé du Marquis de Gonzague.*

Toile. Haut., 1 m. 12 cent.; larg., 90 cent.

Cadre en bois sculpté et doré.

ÉCOLE ESPAGNOLE (XVIIe siècle)

15 — *Portrait de Femme.*

Toile. Haut., 1 m. 2 cent. ; larg., 78 cent.

Cadre en bois doré et sculpté.

ÉCOLE FLAMANDE (XVIIe siècle)

16 — *Sainte dans un paysage.*

Bois. Haut., 66 cent.; larg., 52 cent.

ÉCOLE FRANÇAISE (XVIIe siècle)

17 — *La Fuite en Égypte.*

Toile. Haut., 51 cent. ; larg., 39 cent.

Cadre en bois sculpté.

ÉCOLE FRANÇAISE (XVIIe siècle)

18 — *Portrait présumé de Madame de Maintenon.*

Toile ovale. Haut., 45 cent. ; larg., 36 cent.

Cadre en bois doré.

ÉCOLE FRANÇAISE (XVIIIe siècle)

19 — *Junon.*

Panneau de décoration.

Toile ovale. Haut., 87 cent. ; larg., 76 cent.

ÉCOLE FRANÇAISE (XVIIe siècle)

20 — *Portrait d'Homme.*

De trois quarts, à droite, le regard presque de face, coiffé de la haute perruque blonde tombant en boucles sur son manteau de velours vert, garni d'arabesques d'or, le col garni de dentelle.

Toile. Haut., 73 cent.; larg., 59 cent.

ÉCOLE FRANÇAISE (XVIIe siècle)

21 — *Portrait d'Homme.*

De trois quarts vers la gauche, la tête presque de face, coiffé de la haute perruque dont les longues boucles tombent sur les épaules, cravaté de fine dentelle et enveloppé d'un large manteau lie de vin.

Toile. Haut., 81 cent.; larg., 65 cent.

Cadre en bois sculpté.

ÉCOLE FRANÇAISE (XVIIIe siècle)

22 — *Femme nue.*

Étude académique.

Toile. Haut., 31 cent.; larg., 63 cent.

ÉCOLE FRANÇAISE (XVIIIe siècle)

23 — *Jérôme Phelipeaux, comte de Pontchartrain, secrétaire d'État. (1674-1747.)*

Il est vêtu d'un manteau de velours frappé, brodé des insignes de l'ordre du Saint-Esprit.

Son rabat de dentelle est en partie caché par les boucles de sa perruque châtain. Au cordon bleu, les insignes de l'ordre sont suspendus. Le visage est large, la physionomie ouverte, les traits sont accentués.

Toile. Haut., 74 cent.; larg., 58 cent.

ÉCOLE FRANÇAISE (XVIIe siècle)

24 — *Julie-Lucine d'Angennes de Rambouillet, duchesse de Montansier. (1607-1671.)*

Jusqu'à mi-corps, de trois quarts vers la droite, en manteau de cour, velours bleu doublé d'hermine. Justaucorps et robe de brocart marron à broderie d'or, à revers rouge, la robe de dessous blanche, garnie de dentelle au poignet et au corsage. Un collier de perles autour du cou. Les cheveux coiffés en œil-de-paon sur le front. Sur le sommet de la tête, un béguin emperlé.

Toile. Haut., 79 cent.; larg., 63 cent.

ÉCOLE FRANÇAISE (XVIIe siècle)

25 — *Mazarin (Giulio Mazarini, le cardinal). (1602-1661.)*

Vu jusqu'à la poitrine, de trois quarts à droite, en camail de pourpre.

Panneau. Haut., 48 cent.; larg., 36 cent.

ÉCOLE FRANÇAISE (XVIIe siècle)

26 — *Portrait d'Homme.*

De trois quarts vers la droite, le buste couvert d'une cuirasse damasquinée d'or, il porte la haute perruque à longues boucles.

Toile de forme ovale.

Haut., 68 cent.; larg., 58 cent.

Cadre en bois sculpté.

ÉCOLE FRANÇAISE

(Commencement du XIXe siècle)

27 — *Le Vieilles Campagnes.*

Bois. Haut., 43 cent,; larg., 56 cent.

ÉCOLE FRANÇAISE (XVIIIe siècle)

28 — *Portrait de Leczinska.*

Toile. Haut., 81 cent.; larg., 65 cent.

ÉCOLE FRANÇAISE (XVIIe siècle)

29 — *Portrait de J.-B. Poquelin dit Molière, jeune.*

Vu à mi-corps, de trois quarts vers la droite, ses cheveux bouclés retombent sur les épaules, le cou et les poignets ornés de guipures. Il porte une robe de chambre jaune à petites fleurs et revers de satin vert à tons changeants ; il tient dans la main droite un pli.

Toile. Haut., 73 cent.; larg., 60 cent.

ÉCOLE FRANÇAISE

30 — *Portrait de Femme.*

De trois quarts vers la gauche, vêtue d'un corsage bleu surmonté d'un fichu blanc, un bouquet de fleurs orne son corsage.

Toile ovale. Haut., 68 cent.; larg., 52 cent.

ÉCOLE FRANÇAISE

31 — *Enfants Bacchants jouant avec des chiens.*

Deux panneaux décoratifs en grisailles.

ÉCOLE FRANÇAISE (XIXe siècle) (D'après KALF)

32 — *Intérieur de cuisine.*

Toile. Haut., 32 cent.; larg., 40 cent.

ÉCOLE HOLLANDAISE (XVIIe siècle)

33 — *Paysage.*

Toile. Haut., 80 cent.; larg., 64 cent.

Cadre en bois sculpté et doré.

ÉCOLE HOLLANDAISE (XVIIe siècle)

34 — *Halte devant une auberge.*

Bois. Haut., 48 cent. ; larg., 57 cent.

Cadre en bois sculpté.

ÉCOLE HOLLANDAISE (XVIIe siècle)

35 — *L'Embarquement des marchandises.*

Bois. Haut., 36 cent. ; larg., 54 cent.

ÉCOLE ITALIENNE (XVIIe siècle)

36 — *Eugène-François de Savoie-Carignan, dit le prince Eugène. (1663-1736.)*

Il marche, revêtu de l'armure, appuyant contre la hanche son bâton de commandement qu'il tient dans son gantelet de fer. De la main droite, il prend un casque à cimier de plumes des mains d'un valet nègre. Du même côté, un valet de pied retient un cheval qui se cabre. A droite, au fond, on assiste à une bataille aux abords d'une ville.

Toile. Haut., 81 cent.; larg., 65 cent.

Cadre en bois sculpté.

ÉCOLE ITALIENNE

37 — *Sainte Famille.*

Toile. Haut., 33 cent.; larg., 50 cent.

Cadre en bois sculpté.

ÉCOLE ITALIENNE (XVIIe siècle)

38 — *Flore entourée d'amours.*

Toile. Haut., 1 m. 72 cent.; larg., 1 m. 30 cent.

ÉCOLE ITALIENNE

39 — *Portrait de Jeune Femme.*

De face, la tête légèrement vers la gauche, coiffée d'un bonnet de lingerie garni de fleurettes. Vêtue d'un corsage de drap gris aux manches bouffantes. De la main gauche elle tient un éventail de plumes, de la droite ses gants.

Bois. Haut., 65 cent.; larg., 52 cent.

ÉCOLE VÉNITIENNE (XVIe siècle)

40 — *Portrait d'Homme.*

Bois. Haut., 39 cent.; larg., 27 cent.

41 — *Portrait d'Homme.*

Bois. Haut., 39 cent.; larg., 27 cent.

Deux pendants.

Cadres en bois sculpté et doré.

FAUCHIER (Laurent)

42 — *Françoise-Marguerite de Sévigné, comtesse de Grignan. (1646-1705.)*

Vue jusqu'à la poitrine presque de face, en corsage bleu décolleté débordé par sa chemise blanche. Les cheveux bruns, coiffés plats sur le dessus de la tête, s'ébouriffent en boucles qui descendent sur les épaules. Un rang de perles lui sert de collier.

Œuvre d'un artiste peu connu, au talent bien personnel, vigoureux et chaleureux.

Toile. Haut., 44 cent.; larg., 35 cent.

FAUCHIER (Laurent)

43 — *François-Adhémar de Monteil, comte de Grignan. (1629-1714.)*

De trois quarts, à droite, en manteau brun, les cheveux longs et hirsutes, le visage extraordinairement indiqué se dégage d'un fond rouge uni.

Peinture aux colorations chaudes d'un grand caractère.

Toile. Haut., 48 cent.; larg., 35 cent.

FOURNIER-DESORMES

44 — *Paysage : Site d'Auvergne.*

Toile. Haut., 53 cent.; larg., 45 cent.

(Salon de 1824.)

FRAGONARD (Honoré)

45 — *L'Homme au turban.*

Il est vu de trois quarts, à droite, jusqu'à mi-corps, le teint coloré; la barbe et la moustache blonde. De sa main gauche, il tient le bord de son manteau oriental, coiffé d'une sorte de madras crème où sont passées des chaînes de joaillerie.

Peinture dans la manière de Rembrandt.

Signé à droite, vers le milieu : *Frago.*

Toile. Haut., 55 cent.; larg., 47 cent.

FRAGONARD (Honoré)

46 — *Tête de Vieillard.*

Toile. Haut., 18 cent.; larg., 22 cent.

GRYFF

47 — *Nature morte : Chien gardant du gibier mort.*

Bois. Haut., 25 cent.; larg., 22 cent.

GRIMOUX (Alexis)

48 — *Portrait de l'Artiste.*

Vu à mi-corps, presque de dos, la tête tournée vers l'épaule droite, le teint vif, l'œil brillant, les cheveux bruns avec des reflets roux. Il est vêtu d'un pourpoint noir tailladé à dessous blanc.

Signé et daté : *1720.*

Toile. Haut., 66 cent.; larg., 54 cent.

GRIMOUX (D'après)

49 — *Portrait de Madame de Beaurepaire.*

Toile. Haut., 81 cent.; larg., 65 cent.

Cadre en bois sculpté.

GRIMOUX (D'après ALEXIS)

50 — *Portrait de Madame de Beaurepaire.*

Toile. Haut., 81 cent.; larg., 65 cent.

Cadre en bois sculpté.

HONTHORST (École de GÉRARD)

51 — *Saint Jean.*

Toile. Haut, 1 m. 18 cent.; larg., 93 cent.

Cadre en bois sculpté.

HUET (École de J.-B.)

52 — *Le Boudeur.*

Mine de plomb. Haut., 21 cent.; larg., 16 cent.

JORDAENS (Attribué à JACQUES)

53 — *Moine en extase.*

Toile. Haut., 73 cent.; larg., 58 cent.

KAUFFMANN (Attribué à ANGELICA)

54 — *L'Éducation de l'amour.*

Toile. Haut., 45 cent.; larg, 37 cent.

KNELLER (Ecole de Godefroi)

55 — *Portrait présumé de la princesse Louise de Galles.*

Toile. Haut., 1 m. 50 cent.; larg., 1 m. 20 cent.

KNELLER (École de Godefroi)

56 — *Portrait présumé de Jacques II d'Écosse.*

Toile. Haut., 1 m. 50 cent.; larg., 1 m. 20 cent.

LANCRET (D'après)

57 — *La Terre.*

Scène champêtre.

Toile. Haut., 32 cent.; larg., 40 cent.

LANCRET (D'après)

58 — *La Tentation.*

Scène champêtre.

Toile. Haut., 32 cent.; larg., 40 cent.

LARGILLIERRE (École de N. de)

59 — *Charles-Maurice Le Tellier, archevêque-duc de Reims.*

De trois quarts à gauche, les cheveux débordant d'une calotte de velours noir. Il porte un rabat de batiste blanche sur un camail bleu paon, à boutons et boutonnières rouges. La croix pastorale pend sur la poitrine, suspendue sur le collet du camail.

Toile ovale. Haut., 71 cent.; larg., 61 cent.

Cadre en bois sculpté.

LAWRENCE (Attribué à Sir Thomas)

60 — *Portrait de Femme.*

Elle est vue de face, la tête tournée à droite, coiffée d'un bonnet de tulle blanc.

Toile. Haut., 37 cent.; larg., 27 cent.

Cadre en bois doré.

LE BRUN (École de Charles)

61 — *Pierre-Paul Riquet, baron de Bonrepos. (1064-1680.)*

Vu à mi-corps, enveloppé d'un manteau noir sur lequel joue le large rabat de batiste garni de point coupé. Le masque très accentué, d'une extraordinaire expression, d'une intelligence qui pétille, s'encadre de la perruque noire à reflets châtains.

Toile de forme ovale.

Haut., 74 cent.; larg., 59 cent.

Cadre en bois sculpté.

LE NAIN (École des)

62 — *Charles, marquis d'Albert, duc de Luynes, connétable de France. (1578-1621.)*

Il est en pourpoint gris, avec manches à crevés au dessous blanc. Il est vu en buste, la tête presque de face sur la collerette à point coupé, barbe en pointe, moustache relevée, cheveux frisés, les yeux bleus, la physionomie agréable.

Panneau. Haut., 35 cent.; larg., 27 cent.

LE NAIN (École des)

63 — *La Princesse.*

Très blonde, les cheveux frisés et courts, en robe grise avec collerette de point coupé, un collier de perles, une chaîne de perles et de cabochons. Vue jusqu'à la poitrine de trois quarts vers la droite.

Panneau. Haut., 35 cent.; larg., 27 cent.

LEMOINE (École de)

64 — *La Toilette de Vénus.*

Toile. Haut., 38 cent.; larg., 48 cent.

MARATA (Carlo)

65 — *Olympe Mancini, comtesse de Soissons. (1637-1708.)*

En costume demi-deuil, robe de velours noir, au corsage décolleté, garni de dentelles, ainsi que les manches; deux boucles descendent de sa chevelure châtain, le long des épaules et sur la poitrine.

Toile. Haut., 70 cent.; larg., 55 cent.

Cadre en bois sculpté.

MEULEN (Van der)

66 — *La Chasse au loup.*

Dans un paysage accidenté, que serpente une rivière, un seigneur en habit rouge, monté sur un cheval blanc, escorté de nombreux personnages qui débouchent d'une forêt, est reçu chapeau bas par deux autres cavaliers. Au centre, le loup entouré des chiens dont un est accroché à son dos. A gauche, un piqueur sonne de la trompe de chasse.

Toile. Haut., 1 m. 20 cent.; larg., 1 m. 10 cent.

MIGNARD (École de PIERRE)

67 — *Henriette-Anne Stuart, Madame, duchesse d'Orléans. (1644-1670.)*

Vue de trois quarts à gauche, à mi-corps, en marron clair, en partie cachée par un manteau de velours rouge. Le corsage décolleté est garni d'une parure de cabochons et de perles. Autour du cou, un rang de perles; aux oreilles, des boucles de perles; sur le front, quelques frisettes de cheveux châtain roux; par derrière la tête, des cheveux s'écroulent en bouclettes.

Toile ovale. Haut., 65 cent.; larg., 54 cent.

Cadre en bois sculpté.

MIGNARD (D'après PIERRE)

68 — *Isabelle de Ludre (demoiselle d'honneur de la duchesse d'Orléans).*

A l'entrée d'une grotte, elle est assise, son torse nu émergeant de draperies bleues; ses cheveux blonds pâle se répandent en boucles sur les épaules. Elle est accoudée du bras droit, la main gauche tient sur ses genoux une custode en métal doré. Près d'elle, sur les étoffes, une tête de mort glisse, grimaçante.

Toile. Haut., 96 cent.; larg., 73 cent.

Cadre en bois sculpté.

MIGNARD (Pierre)

69 — *Flore.*

Elle est assise de l'autre côté d'un balcon de terrasse et semble offrir des fleurs dont elle tient une branche à la main. Elle est tournée de trois quarts à gauche. Il y a un tel charme dans le visage qu'on oublie l'âge de la personne. Avec son collier de perles, avec son costume de velours noir à broderie d'or et son écharpe de velours bleu et les manches de dentelle qui jouent sur un bras rond et potelé. Au fond, un parc, sous un ciel bleu.

Toile. Haut., 92 cent. 1/2; larg., 76 cent.

Cadre en bois sculpté.

MORONE (École de)

70 — *Portrait d'Homme à barbe blanche.*

Toile. Haut., 35 cent.; larg., 40 cent.

NOCRET (XVIIe et XVIIIe siécles)

71 — *Le Duc du Maine et une fille légitimée du Roi.*

L'enfant royal est assis sur des coussins, en chemise et coiffé d'un bonnet à ruban rouge. Près de lui une femme en rouge et une fillette en bleu tirent d'une corne d'abondance que tient un amour les signes de la richesse et de la puissance : des perles, un diadème, un sceptre, etc. La scène se passe dans une galerie de palais séparée d'une terrasse à balustrade par une colonnade.

Toile. Haut., 64 cent.; larg., 80 cent.

NOCRET (XVIIe et XVIIIe siècles)

72 — *Le Jugement de Pâris.*

Les Trois Grâces sont représentées par la princesse de Conti, la duchesse d'Orléans et la duchesse de Bourbon. Le duc du Maine sous les traits du berger Pâris.

A droite, debout, les trois beautés qu'il faut départager. Pâris assis à gauche sur un quartier de roc est à demi vêtu d'une draperie rouge. Près de lui, Minerve assiste au jugement. Dans le ciel, un amour dirige une flèche contre le cœur insensible de Pâris. A gauche, un chien; à droite, à terre, des armes.

Pendant du précédent.

Toile. Haut., 1 m. 20 cent. ; larg., 81 cent.

Cadre en bois sculpté.

NOCRET (XVIIe et XVIIe siècles)

73 — *Les Enfants légitimés de Louis XIV.*

A gauche, le taureau Jupiter fend les flots. Sur son dos, la Phénicienne. A droite, des déesses et le paon de Junon attendent le couple étrange.

Toile. Haut., 1 m. 20 cent.; larg., 81 cent.

PAJOU (Le fils J.-A.-C.)

74 — *Marie-Antoinette, emmenée de la prison du Temple pour être transférée à la Conciergerie.*

Esquisse du tableau de l'artiste exposé au Salon de 1817.

Bois. Haut., 29 cent.; larg., 37 cent.

Cadre en bois sculpté et doré.

PANINI (?)

75-76 — *Ruines avec personnages.*

Toile. Haut., 88 cent.; larg., 70 cent.

Deux pendants.

Cadres en bois sculpté et doré.

PÉRIN

77 — *Portrait de la Comtesse de la Martellière.*

En buste, complètement de face, la large coiffure est poudrée et piquée au sommet d'une gaze blanche ornée de roses. Elle porte un costume de mousseline blanc décolleté, à nœud en ceinture de soie blanche.

Toile. Haut., 81 cent.; larg., 65 cent.

Cadre en bois doré.

PÉRIN

78 — *Portrait du Comte de la Martellière.*

De face en buste, coiffé d'une perruque poudrée, vêtu d'un habit de drap bleu à plastron jaune et épaulettes d'argent, il porte sur la poitrine l'ordre militaire de Saint-Louis.

Signé et daté en bas, à gauche : *Périn*, *1789*.

Toile ovale. Haut., 81 cent.; larg., 65 cent.

Cadre en bois doré,

RANC (JEAN)

79 — *Le Roi.*

Il est vu jusqu'à mi-corps, de trois quarts vers la gauche, en manteau de cour, velours bleu fleurdelisé et hermine, portant aux épaules et sur son rabat de dentelle la chaîne de grand maître de l'ordre du Saint-Esprit.

Toile. Haut., 81 cent.; larg., 64 cent.

Cadre en bois sculpté.

RIGAUD (HYACINTHE)

80 — *Portrait d'Homme.*

Vêtu d'un manteau de velours brun.

Toile ovale. Haut., 81 cent.; larg., 65 cent.

RIGAUD (Atelier de HYACINTHE)

81 — *Portrait de Femme.*

De trois quarts à gauche, vue jusqu'à mi-corps, en corsage décolleté, d'étoffe brochée jaune et rouge, sous un manteau doublé de soie à ramages. La coiffure est haute et laisse échapper une tresse brune à laquelle se mêle un ruban éteint. Une dentelle blanche joue sur le bord du corsage qu'un fermail de joaillerie retient sur le devant au-dessous de la poitrine.

Toile de forme ovale.

Haut., 88 cent.; larg., 65 cent.

RIGAUD (École de H.)

82 — *Portrait du Roi Louis XV, jeune.*

Toile. Haut., 81 cent.; larg., 65 cent.

RIGAUD (D'après Hyacinthe)

83 — *Philippe de France, duc d'Anjou, puis roi d'Espagne. (1683-1746.)*

Il est vu jusqu'à mi-corps, de trois quarts à gauche, vêtu de velours noir; la main gauche gantée relève son manteau brodé en argent. Sur la poitrine, qui porte en sautoir le cordon bleu, on aperçoit le grand collier de la Toison d'Or.

Toile. Haut., 70 cent.; larg., 54 cent.

Cadre en bois sculpté.

RIGAUD (D'après Hyacinthe)

84 — *Louis de France, duc de Bourgogne, puis Dauphin.*

Il est jeune encore, vu à mi-corps, en armure fleurdelisée. Il porte le bras droit en avant, son ample perruque encadre son visage. Il porte l'écharpe de soie blanche du commandement et sur la poitrine le cordon bleu du Saint-Esprit.

Toile. Haut., 79 cent.; larg., 63 cent.

Cadre en bois sculpté.

RIGAUD (D'après Hyacinthe)

85 — *Marie d'Orléans-Longueville, duchesse de Nemours, princesse de Neufchâtel. (1625-1707.)*

En deuil, assise de trois quarts vers la gauche dans un fauteuil à dossier de velours bleu. La tête est enveloppée d'une mante de soie noire nouée sous le menton. De la main droite, elle tient un livre de reliure rouge fleurdelisée ; de la gauche, enlevée sur la poitrine, elle tient un bijou fixé au corsage noir. Au fond, une draperie relevée laisse apercevoir la silhouette d'un château au bord d'un lac que dominent des montagnes.

Toile. Haut., 87 cent. ; larg., 68 cent.

ROBERT (École de Hubert)

86 —

A gauche, les colonnes d'un palais en ruine continuant vers la droite en hémicycle. Au premier plan, à droite, au pied de la statue équestre de Marc-Aurèle, un personnage est accoudé à une pierre; au centre, un jet d'eau; plus à gauche, une femme et ses deux enfants.

Toile. Haut., 60 cent.; larg., 90 cent.

Cadre en bois doré.

RUBENS (D'après P.-P.)

87 — *Thomyris.*

Plateau contourné.

Haut., 1 m. 8 cent.; larg., 75 cent.

SCHEFFER (Ary)

88 — *Entrée du Roi Louis-Philippe à Paris.*

Esquisse.

Toile. Haut., 1 mètre; larg., 1 m. 40 cent.

SEVE (Attribué à Pierre de)

89 — *Nicolas Fouquet,*

Il est assis devant une table couverte d'un tapis rouge, de trois quarts vers la droite, la tête presque de face, vêtu d'un habit de velours noir, laissant paraître sa chemise plissée, ornée aux manches de nœuds de velours noir. Il porte un large rabat de fine batiste. Il tient de la main droite un pli qu'il vient de cacheter, la gauche s'appuie sur des feuillets posés sur la table. Près d'un écritoire, deux cachets retenus par un nœud de velours noir.

Toile. Haut., 97 cent.; larg., 81 cent.

Cadre en bois sculpté.

STELLA (Jacques Van der Star, dit)

90 — *La Moisson.*

Toile. Haut., 58 cent.; larg., 73 cent.

TENIERS (École de DAVID)

91 — *La Partie de cartes.*

Dans un intérieur, un trio de joueurs, groupé autour d'un tabouret, fait sa partie tandis que d'autres personnages le regardent. Au fond, à droite, une femme tenant un enfant dans ses bras et deux autres personnages se chauffent devant une cheminée.

Toile. Haut., 68 cent.; larg., 86 cent.

TENIERS (École de DAVID)

92 — *La Diseuse de bonne aventure.*

Bois. Haut., 20 cent.; larg., 20 cent.

VANLOO (D'après CARLE)

93 — *Portrait de Marie de Leczinska.*

Toile. Haut., 81 cent.; larg., 65 cent.

VERNET (École de JOSEPH)

94 — *Le Port de Gaëte, effet de lune.*

Toile. Haut., 84 cent.; larg., 1 m. 30 cent.

WOUWERMANS (École de PHILIPPE)

95 — *Halte de chasse.*

Bois. Haut., 34 cent.; larg., 41 cent.

AQUARELLES

DESSINS ET PASTELS

BELLANGÉ (Hyppol.)

96 — *Halte de Militaires à l'auberge.*

Signé en bas, à droite.

Aquarelle. Haut., 15 cent.; larg., 19 cent.

BELLANGÉ

97 — *Le Modèle.*

Mine de plomb.

Haut., 18 cent.; larg., 25 cent.

BOUCHER (École de)

98 — *L'Espiègle.*

Une jeune femme à l'œil éveillé, la tête appuyée sur ses bras posés sur un coussin de velours bleu, regarde ; sa chevelure blonde est ornée de fleurs, les seins cachés par un rideau de soie changeante.

Pastel. Haut., 39 cent. ; larg., 47 cent.

BOUCHER (École de F.)

99 — *Bergère endormie.*

Une jeune femme en corsage décolleté s'est endormie la tête posée sur un coussin de velours bleu.

Pastel. Haut., 40 cent.; larg., 34 cent.

DECAMPS (Attribué à GABRIELLE)

100 — *Vue d'Orient.*

Aquarelle. Haut., 17 cent. 1/2; larg., 25 cent.

ÉCOLE FRANÇAISE (XVIIIe siècle)

101 — *Portrait de Femme.*

Au milieu d'un paysage, une jeune femme assise dans un fauteuil, vêtue d'une robe bleue à jupe blanche, coiffée d'un chapeau de tulle, pince de la harpe. A sa gauche, un pupitre de musique est posé.

Pastel. Haut., 61 cent.; larg., 49 cent.

ÉCOLE FRANÇAISE (XVIIIe siècle)

102 — *Portrait de Femme.*

Vue presque de face, coiffée d'un bonnet de fine dentelle, orné de petites fleurs bleues. Une capeline de soie grise, garnie de fourrure, cache à demi son petit décolleté. Un manchon de fourrure.

Pastel. Haut., 60 cent.; larg., 50 cent.

ÉCOLE FRANÇAISE (XVIIIe siècle)

103 — *Portrait de deux Enfants jouant au château de cartes.*

Pastel. Haut., 60 cent.; larg. 50 cent.

Cadre en bois doré.

GÉRICAULT (Attribué à)

104 — *La Diligence.*

Sépia non terminée.

Haut., 17 cent ; larg., 24 cent.

LA TOUR (École de)

105 — *Portrait du Comte Grassin de Bercy.*

Vu en buste de trois quarts vers la gauche, coiffé d'une perruque à marteau, poudrée à frimas, retenue par un catogan. Il porte une cuirasse à parements de velours bleu et liseré d'or sur laquelle est accrochée la croix de l'ordre militaire de Saint-Louis, et en cravate un ordre étranger. Un manteau de velours bleu, garni de fourrure, lui couvre les épaules.

Pastel. Haut., 60 cent.; larg., 51 cent.

Cadre en bois doré.

LA TOUR (École de)

106 — *Portrait de la Comtesse Grassin de Bercy.*

En buste, de trois quarts vers la droite, sa coiffure à petites frisures poudrée à frimas, agrémentée de petites fleurettes; elle porte au cou une fourrure. Vêtue d'une robe entrelacée de velours bleu, décolletée, à parements de fourrure entrelacée de fine dentelle et piqué entre les seins d'un bouquet de roses. Elle est à demi-enveloppée d'une dentelle tissée d'or.

Pastel. Haut., 60 cent. ; larg., 51 cent.

Cadre en bois doré.

107 — Un lot de Miniatures. (*Sera divisé.*)

www.ingramcontent.com/pod-product-compliance
Ingram Content Group UK Ltd.
Pitfield, Milton Keynes, MK11 3LW, UK
UKHW022153170726
13837UKWH00004B/1964

9 782329 551456